Hanfanbau mit Hydrokraft

D1668515

HANFANBAU MIT HYDROKRAFT

Raphael de Jardin

Impressum

Verlegt durch den

Nachtschatten Verlag
Ritterquai 1
CH-4502 Solothurn
Tel 0041 32 621 89 49
Fax 0041 32 621 89 47

© 1997 Nachtschatten Verlag
für die deutsche Ausgabe

1. Auflage

Korrektur: Silvia Brügger
Umschlag & Layout: Urs Amiet
Druck: WB-Druck, Rieden
Printed in Germany

ISBN 3-907080-27-0

Sämtliche Nachdrucke und Reproduktionen nur
nach Absprache mit dem Verlag.

Inhalt

Vorwort .... Seite 9

Cannabis Indica, Sativa, Ruderalis:
Eine magische Pflanze? .... Seite 11

Was ist Hydrokultur? .... Seite 14

HYDROKRAFT, die logische Weiterentwicklung .... Seite 16

Die pH- und EC-Wertmessung sind keine
Geheimwissenschaft .... Seite 19

Die Nährlösung .... Seite 24

Die Sonne in den eigenen vier Wänden .... Seite 26

Platz ist in der kleinsten Hütte .... Seite 28

Der Aufbau des HYDROKRAFT-Systems .... Seite 29

Jetzt geht's los! Die Aufzucht .... Seite 34

Der Umzug .... Seite 37

Flower Power, es blüht! .... Seite 42

Geduld ist eine Tugend. Wann ernten? .... Seite 46

Sinsemilla mit Samen geht das? .... Seite 48

Auf ein Neues .... Seite 50

Viel Feind, viel Ehr .... Seite 51

Wie geht es weiter? .... Seite 54

Genuß oder Knall? .... Seite 56

Tabelle .... Seite 58

Hinweis:
Cannabis ist eine mißbrauchbare Droge wie Alkohol, Tabak, Pharmaprodukte und vieles andere auch. Das hier geschilderte System soll nicht zum Cannabismißbrauch aufrufen, sondern lediglich eine alternative Anbauform, die sich beispielsweise genausogut für Tomaten, Gewürzkräuter u.ä. eignet, aufzeigen. Der Anbau von Cannabis ist in vielen europäischen Ländern genehmigungspflichtig!

Warum Eigenanbau?

Am 09.03.1994 wurde vom Bundesverfassungsgericht das im Volksmund sogenannte «Haschisch-Urteil» erlassen. Dabei wurde festgestellt, das der gelegentliche Konsum bzw. Besitz geringfügiger Mengen (bis heute nicht eindeutig festgelegt!) nicht mehr strafrechtlich verfolgt werden soll.

Ein weiteres Gesetz, das den Anbau THC-reduzierten Hanfs für gewerbliche Zwecke (z.B. Faser und Ölgewinnung) regelt, folgte. Das Thema Hanf wurde plötzlich aktuell. Die Medien berichten immer unvoreingenommener, viele neue (alte!) Informationen werden einer breiten Masse bekannt. Zu dieser Masse gehören auch die schätzungsweise 3 bis 4 Millionen (vielleicht mehr?) Cannabisgenießer, auch einfach «Kiffer» genannt, die nun aufhorchen und teilweise aktiv werden. Headshops (Rauchgerätebedarf) existieren schon lange, jedoch Growshops (Anbaubedarf), Magazine wie HANF und GROW, öffentliche Smoke-In Treffen, sind wesentliche Neuerungen.

Langsam aber sicher wird den Genießern bewußt, was in Sachen Indoor-Züchtung (Zucht zu Hause) möglich ist. Spätestens dann, wenn die erste Coffee-Shop-Tour in Holland absolviert wurde, ist klar, was Qualität ist.

Die greifenden Argumente für eine eigene Indoor-Zucht sind:
– Sehr gutes Qualitätsniveau.
– Selber züchten = selber kontrollieren.

- Trotz einiger Investitionen entsteht billiges geiles Gras mit einem Grammpreis deutlich unter einem DM (nach einem Jahr).
- Keinen Zwang mehr irgendwelche Dealer aufzusuchen. Die Gefahr, dabei kriminalisiert zu werden, ist hoch. Man entzieht sich einfach dem kriminellen Milieu.
- Bei richtiger Durchführung, der noch näher zu erläuternden Anleitung, sind drei bis vier Ernten pro Jahr möglich.
- Nach dem Aufbau des Systems, ist der weitere Aufwand relativ gering.
- Gute Qualität führt in der Regel zu einem anderen Konsumverhalten: Der Bong kann beruhigt gegen eine Zigarette eingetauscht werden.
- Je mehr Leute selbst anbauen, desto mehr wird der Prohibition entgegengewirkt. Gleichzeitig wird dem Schwarzmarkt viel Kapital entzogen, welches nicht selten für Waffenkauf, harte Drogen u.ä. eingesetzt wird.
- Speziell beim HYDROKRAFT-System ist eine vollständige Wiederverwendung des Anbausubstrats (hier Blähton) möglich.

Ich denke, die Holländer haben es uns jahrelang vorgemacht, warum sollten wir das nicht können?

Kapitel 1

Cannabis Indica, Sativa, Ruderalis: Eine magische Pflanze?

Das sind die drei Hauptarten der Pflanze, zu deutsch etwa: Indischer Hanf, Faserhanf und Schuttplatzhanf.

Cannabis keimt aus Samen, wächst schnell heran und blüht bis zur Reife. Cannabis ist zweigeschlechtlich, d.h. bei der Aufzucht aus Samen entstehen immer männliche und weibliche Exemplare (Ausnahme Zwitterbildung, dazu später mehr).

Cannabis benötigt für ein optimales Wachstum genügend Licht (mind. 40000 Lumen/Quadratmeter), Wasser und Nährstoffe. Ein wenig Liebe schadet ihnen nicht. Ich denke das ergibt sich automatisch. Cannabis wächst, wenn es 18 Stunden am Tag beleuchtet wird. Die Blüte wird durch lange Nächte (mind. 12 h ununterbrochene Dunkelheit) ausgelöst.

Die Hauptarten lassen sich folgendermaßen beschreiben
Cannabis Indica:
Etwas gedrungener Wuchs, schneller Aufbau einer sehr kompakten Blüte mit starker Harzbildung.
Blütezeit ca. 4–8 Wochen
Wirkung: «Stoned», das typische Dröhngras.
Beispiel: Afghani, Nigeria, Indien Gold etc.
Cannabis Sativa:
Stark ausgeprägter Stengel und Längenwachstum. Blüht anfangs zögerlich und porös, später ähnlich kompakt und harzbildend wie die Indica.
Blütezeit ca. 8–14 Wochen.

Wirkung: High, das typische Lachgras.
Beispiele: Haze, Thai, mexikanisch, etc.

Cannabis Ruderalis:

Stark gedrungener Wuchs, Blütenbildung wenig kompakt. Eigenwilliges Blühverhalten, d.h. sie blüht teilweise schon in der Wachstumsphase.

Blütezeit: ca. 4–8 Wochen, je nach Kreuzung.

Wirkung: Zum Teil keine Wirkung, wird daher oft mit starken Sorten wie z.B. Skunk gekreuzt.

Beispiel: Ruderalis Skunk

Meistens werden Indica, Sativa oder deren Kreuzungen angebaut. Für die Auswahl ist der persönliche Geschmack und die Geschwindigkeit mit der eine Ernte eingefahren werden kann, entscheidend. So kann bei Afghani, von der Samenpflanzung bis zur Ernte, mit ca. drei Monaten, bei einer Haze eher mit fünf Monaten gerechnet werden. Die Erfahrung zeigt, dass langjährige Züchter die Highgräser bevorzugen. Sie nehmen die längere Blühzeit in Kauf, bekommen einen höheren Ertrag und stellen fest, daß Highgräser auf Dauer verträglicher sind.

Die Sinsemilla-Technik und der Hybrid-Effekt

Das Wort Sinsemilla stammt aus dem spanischen und bedeutet «ohne Samen». In der beginnenden Blühphase werden alle erkennbaren männlichen Pflanzen restlos entfernt. Die übriggebliebenen weiblichen Pflanzen wollen sich fortpflanzen (biol. Zweck), können dieses jedoch nicht tun. Folge: Sie werden immer mehr Blüten austreiben, in der Hoffnung so die Chance der Befruchtung zu erhöhen. Der Blühimpuls steigt und hält viel länger an, als das bei einer vergleichbaren befruchteten Pflanze der Fall wäre. Am Ende wird eine Pflanze resultieren, die überwiegend aus reiner Blüte (ca. 60–80%) besteht. Einige werden einzelne männliche Staubbeutel (Teilzwitterbildung) entwickeln, um so den Fortpflanzungserfolg zu sichern. Damit ist Sinsemilla keine Cannabis-Art, sondern eine Anbautechnik, die den Ertrag sehr gut steigert.

Den Hybrid-Effekt macht man sich zu Nutze, indem man zwei Hauptarten wie Indica und Sativa miteinander kreuzt. Auf diese Weise entstehen Mischpflanzen (Hybriden). So werden genetisch festgelegte Eigenschaften wie Wuchs und Blüh-Modell vermischt. Ergebnis: Bei diesem Beispiel könnte beispielsweise eine Indica mit stärkerem Wachstum bei schneller kompakter Blüte heranwachsen. Die Kombination von Sinsemilla-Technik und Hybrid-Effekt kann Pflanzen erzeugen, die einen Blütenanteil um 80% am Gesamtanteil (inkl. Stamm) besitzen. Das klingt alles logisch und ist es auch!

Die Frage, ist die Pflanze magisch, kann ich verneinen. Wichtig ist das Wissen um die Techniken zum Erfolg, jedoch können Wachstumsgeschwindigkeit und Blütengröße wahrlich «magisch» anmuten.

Kapitel 2

Was ist Hydrokultur?

Bei der Hydrokultur wird die Erde durch Blähton ersetzt. Blähton besteht aus sehr porösem speziellem Ton, der den Wurzeln ein ausgezeichnetes Feuchtigkeits/Luft-Verhältnis bietet. Die Kultur wird im geschlossenen Kunststoffbehälter angesetzt, der Nährlösungsbedarf mittels Wasserstandsanzeiger kontrolliert (Abb. 1). Diese Kulturform wird oft in öffentlichen Gebäuden angewendet. Der Grund ist einfach: Einmal bepflanzt bleibt die weitere Pflege ein Kinderspiel. Wird obendrein ein Nährlösungstank angeschlossen, braucht man sich wochenlang weder um das Giessen noch Düngen zu kümmern. Darüberhinaus ist der Zustand durch den Wasserstandsanzeiger jederzeit sichtbar.

Das sehr gute Feuchte/Luft-Verhältnis an den Wurzeln führt bei weniger Wurzelmasse zu gleich großen, wenn nicht sogar grösseren Pflanzen, als das bei einer vergleichbaren «Erdpflanze» der Fall wäre.

Hier werden die Vorteile sichtbar: In der Erde besteht immer die Gefahr des zuviel oder zuwenig Gießens bzw. der Unter- oder Überdüngung. Die Hydrokultur vermeidet diese Fehler, da der Wasserstand ständig kontrollierbar, die Nährlösung einfach und präzise herstellbar ist. Auch im Falle des sich Vertuns: Null Problemo! Einfach die Lösung austauschen und das Dilemma ist beseitigt.

Selbstverständlich lassen sich auch in Erde große Pflanzen ziehen, jedoch ist die Wachstumsgeschwindigkeit der Hydrokultur bei richtiger Handhabung um ca. 50% schneller.

Abbildung 1

Die einfache Hydrokultur. Der poröse Leca-Ton saugt sich mit Wasser voll und sorgt so für ein ausgezeichnetes Feuchte/Luft-Verhältnis an den Wurzeln mit entsprechend gutem Pflanzenwachstum. Der Wasserstandszeiger gibt jederzeit den Zustand der Nährlösung an. Ein Über- oder Untergiessen ist so unmöglich.

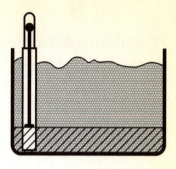

Kapitel 3

Hydrokraft, die logische Weiterentwicklung

Der in Abb. 1 dargestellte Hydrotopf zeigt die einfache Normal-form dieser Kultur. Nicht schlecht, aber mit Schönheitsfehlern:

- Der Nährlösungszustand (Temperatur, pH- und EC-Wert) kann nur schwer direkt gemessen werden.
- Bei längerer Nutzung der Kultur, könnte durch Anreicherung der Nährstoffe, eine Versalzung eintreten.

Die logische Weiterentwicklung bestand nun darin, für die Kultur einen einfachen Nährlösungsumlauf zu realisieren (Abb. 2). Diese Lösung wird jetzt im separaten Eimer temperiert, mit Sauerstoff angereichert und ihr pH/EC-Wert überwacht. Dann mit einer kleinen Aquariumpumpe gefiltert und in die Wanne gepumpt. Dort fließt die Lösung mit richtigem Wasserstand an den Wurzeln vorbei und in den Eimer zurück. Eine kleine Aquariumpumpe (2 W) schafft ca. 120–170 l/h, d.h. die Nährlösung wird je nach Wannengröße etwa 50mal in der Stunde ausgetauscht. Da ein bestimmter Wasserstand eingehalten werden soll, wird die Pumpe angedrosselt. Je nach Auslaufgröße wird der Austausch auf 10 bis 20 mal pro Stunde reduziert. Auf diese Weise bekommen die Wurzeln immer frische Nährlösung, eine Versalzung ist so sicher ausgeschlossen. Die Lösung ist nun jederzeit kontrollierbar und kann den konkreten Bedürfnissen der Pflanzen angepaßt werden. Diese sind durchaus verschieden. Anfangs benötigen sie wenig, in der Hauptwachstumszeit wieder viel Dünger, in der Blühphase eine andere Nährstoffzusammensetzung. Dazu in den nächsten Kapiteln mehr.

Natürlich sieht das Ganze recht simpel aus, jedoch gerade die einfachen Dinge führen oft zum Erfolg.

Abbildung 2

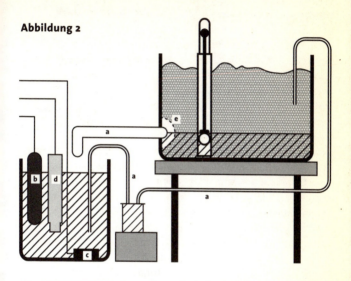

Das HYDROKRAFT-System schematisch dargestellt
a) Nährlösungsumlauf mit Aquariumpumpe, b) Heizung 50 W,
c) Sprudelstein, d) pH-Elektrode, e) Kunststoffsieb
Die perfekte Nährlösungskontrolle ist durch den Umlauf realisiert.
Die warme mit Sauerstoff angereicherte Lösung bringt gesundes
Wurzelwachstum mit starkem Pflanzenwuchs. Für den guten
Ablauf sollte die Einlaufhöhe 1 cm höher als die Auslaufseite sein.

Abbildung 3

Ausschnitt des Beckenverbinders. Zum Beispiel ein Vollgewindemessingrohr ⌀ 30 mm, mit zwei Muttern und Flachdichtungen (a). Diese Verbindung ist leicht zu handhaben (nur festschrauben) und kann bei noch evt. auftretenden leichten Undichtigkeiten einfach mit Siliconmasse abgedichtet werden.

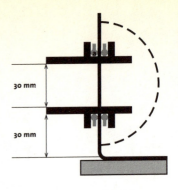

Gerade dieser Bereich ist am sensibelsten, daher weder beim Material noch der Ausführung rumpfuschen!

Der Mindestdurchmesser sollte 30 mm betragen, der Abstand Rohr–Wannenboden verbleibt bei 30 mm, egal welche Rohrstärke verwendet wird. Das Teesieb mit Siliconmasse einkleben. Das verhindert das Durchwachsen der Wurzeln.

Kapitel 4

Die pH- und EC-Wertmessung sind keine Geheimwissenschaft

Der pH-Wert wird in der Werbung argumentativ benutzt, um beispielsweise den potentiellen Käufer des neuen Waschmittels mit Nachdruck darauf hinzuweisen, daß der pH-neutrale Bereich um 7 das Beste für Wäsche und Umwelt ist. Das mag sicherlich richtig sein, erklärt aber nicht viel. Ich werde meine Erklärungen diesbezüglich auf das Notwendigste beschränken. Für eine pH-Wertmessung müssen wir nicht in die Tiefen moderner Säure-Basen-Theorien vorstoßen, sondern lediglich die Funktion und Pflege der Messapparate verstehen.

Die Meßapparatur besteht aus der Messelektrode (Glas oder Kunststoff), einem abgeschirmten Verbindungskabel und dem Messwertverstärker. Die Messung erfolgt direkt in der Nährlösung, der Messimpuls wird im Verstärker aufbereitet und auf einer digitalen oder analogen Skala zur Anzeige gebracht. Diese Skala reicht von 1 (sauer) bis 14 (basisch). Die Anzeige um 7 ist neutral. Der optimale Bereich für Cannabis beträgt 5.5 bis 6.5 (Abb. 4).

Beim Umgang mit Elektroden ist folgendes zu beachten

- Elektroden sind, insbesondere wenn sie aus Glas bestehen, schlagempfindlich. Also niemals hektisch damit rumhantieren. Das Beste ist, nach der Eichung, die Elektrode mittels Saughalterung, fest im Eimer zu installieren.
- Vor Inbetriebnahme sollte sie 24 Stunden gewässert werden.

- Elektroden haben im oberen Bereich ein Entlüftungsloch. Für die Messung muß dieses geöffnet sein.
- Elektroden mögen Austrocknung überhaupt nicht, daher sollten sie bei Nichtgebrauch in einem Glas Wasser, Entlüftungsloch geschlossen, lagern. Darauf achten, daß sie ca. zu einem Drittel im Wasser stehen bleibt.
- Nach längerer Benutzung (einige Jahre) kann es sein, dass der Elektrolyt (3.5 molare Kaliumchloridlösung) nachgefüllt werden muß. Der Elektrolyt kann vom Hersteller bezogen, das Nachfüllen leicht mit einer 5 ml-Spritze erfolgen.
- Die Messung selbst hängt von der Temperatur der Lösung ab. Also die Temperatur am Verstärker richtig einstellen.
- Den Meßwertverstärker so im System plazieren, daß keine Feuchtigkeit (auch hohe Luftfeuchtigkeit) eindringen kann.

Elektroden werden vor der Messung geeicht. Dafür werden zwei Eichlösungen (Pufferlösung) pH 7.0 und pH 3.0 (pH 2.0 bzw. pH 4.0 fuktionieren auch) benötigt. Diese Eichlösungen haben einen genau eingestellten pH-Wert, der auch nach längerer Lagerung stabil bleibt.

Vorgang der Eichung
Die Elektrode wurde gewässert, die Eichlösungen pH 7.0 und pH 3.0 auf 20° C temperiert, ein Glas Wasser zum spülen bereitgestellt. Es muß nicht unbedingt destilliertes Wasser sein.
- Die Elektrode am Messwertverstärker anschließen.
- Den Verstärker anschalten, die Temperatur 20° C am Regler einstellen.
- Das Entlüftungsloch öffnen.
- Die Elektrode aus dem Wasserglas nehmen, kurz abtropfen lassen (nicht daran wischen) und in die Eichlösung pH 7.0 hal-

ten. Die Anzeige wird sich schnell in die Gegend von 7.0 einpendeln. Nach ca. zwei Minuten am Range/Assymetrie-Regler (Bezeichnung kann typenabhängig abweichen) den Wert 7.00 genau einstellen. Nochmals 30 Sekunden abwarten und prüfen, daß die Anzeige stabil bleibt, sonst nachstellen.

- Die Elektrode im Wasserglas kurz spülen, abtropfen lassen und in die Lösung pH 3.0 eintauchen. Ca. zwei Minuten warten, dann den Wert 3.0 mit dem Regler Steilheit (Bezeichnung kann typenabhängig abweichen) genau einstellen. 30 Sekunden warten und die Stabilität der Anzeige kontrollieren.

Die Elektrode ist nun für die Messung bereit und kann im Eimer installiert werden. Eine Eichung genügt für einen gesamten Wachstumszyklus. Beim EC-Wert wird die elektrische Leitfähigkeit einer Lösung ermittelt. Die Leitfähigkeit entsteht, wenn dem Wasser die Hydro-Nährstoffe zugesetzt werden, d.h. je mehr Nährstoffe ich zufüge, desto höher wird die elektrische Leitfähigkeit sein. Das liegt daran, daß die Nährsalze im Wasser in Form von positiven und negativ geladenen Ionen gelöst werden. Diese sind in der Lage, elektrische Ladungen zu transportieren.

Damit ist u.a. der Leitfähigkeitswert ein Mass für die Konzentration der Nährstoffe im Wasser. Der EC-Wert hängt stark von der Temperatur ab, d.h. sie muß unbedingt mitberücksichtigt werden. Ein Beispiel: Eine Lösung hat bei 29° C einen eingestellten EC-Wert von 2.0 mS/cm (milli Siemens pro Centimeter, die phys. Einheit der Leitwertmessung). Kühlt nun die Lösung auf 25° C ab, beträgt der EC-Wert noch 1.8 mS/cm bzw. 1.6 mS/cm bei 20° C. Die Temperatur im HYDROKRAFT-System beträgt 28–30° C. Die Pflanzen haben je nach Entwicklungsstadium einen unterschiedlichen Nährstoffbedarf. Ich werde daher für die Stadien konkrete pH- und EC-Bereiche angeben.

Abbildung 4

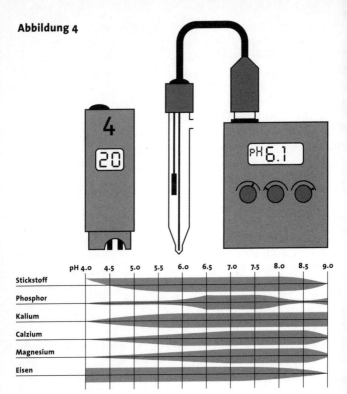

Die Darstellung der Meßgeräte: links das EC-Meßgerät HANNA Dist 4, rechts das pH-Meßgerät und die Elektrode. Die Tabelle unten zeigt die wichtigsten Nährstoffe und deren Aufnahmevermögen in Abhängigkeit des pH-Wertes. Der optimale pH-Wert in der Wachstumsphase beträgt 5.5–6.0 (höherer Stickstoffbedarf), in der Blütezeit etwas erhöht 6.0–6.5 (erhöhter Phosphorbedarf. Quelle: GROW 1/96

Ich empfehle die Anschaffung eines HANNA Dist 4 Messstiftes (Abb. 4). Die Vorteile sind:
- Im Vergleich zu anderen Geräten relativ billig.
- Robust, da Messzelle und Messverstärker in einem Gehäuse integriert sind.
- Leichte Handhabung und Pflege.

Es wird direkt in der Nährlösung gemessen, indem der Messstift für gut 10 Sekunden hineingehalten wird. Der Wert wird digital angezeigt und würde z.B. beim HANNA Dist 4 den Wert 20 anzeigen, was 2.0 mS/cm bedeutet. Einmal jährlich sollte die Messzelle vorsichtig unter fließend warmem Wasser mit einer Zahnbürste gereinigt werden.

Sollte nach einem Batteriewechsel eine Eichung fällig werden, kann im Grow-Shop eine Eichlösung bezogen werden. Diese besteht aus Kaliumchlorid mit einem festeingestellten EC-Wert von 1.43 mS/cm. Für die Eichung temperiert man die Lösung auf 25° C, den Meßstift hineinhalten und ggf. mittels Kalibrierschraube auf 1.4 mS/cm korrigieren.

Ich denke, daß die Beschreibungen für den Umgang mit Messgeräten ausreichen. Weitere Informationen sind über den jeweiligen Hersteller bzw. Grow-Shop erhältlich.

Kapitel 5

Die Nährlösung

In Kapitel 4 war viel von Messtechnik die Rede, nun gehe ich näher auf die Nährlösung ein. Pflanzen benötigen drei Hauptnährstoffe: Stickstoff (N), Phosphor (P), Kalium (K)

Ausserdem Magnesium, Calcium und ein Dutzend weiterer Spurenelemente. Hydrokulturdünger enthalten in der Regel die o.g. Nährstoffe in optimaler Zusammensetzung. Hier eignen sich die in Grow-Shops angebotenen, auf Cannabis optimierten Dünger, wie z.B. die der Fa. CANNA, Fa. SENSI SEED etc. Meistens sind es Zwei-Komponentendünger, die jeweils zu gleichen Teilen dosiert werden. Für die Wachstumsphase gibt es Dünger mit erhöhtem Stickstoffanteil, für die Blüte mit erhöhtem Phosphoranteil. Hier werden zusätzlich spezielle Boost-Dünger mit sehr hohem Phosphorgehalt angeboten. Diese müssen bei Hydrokraft nicht unbedingt eingesetzt werden.

Bei Hydrokulturen können Langzeitdünger, sogenannte Ionentauscher (z.B. Levatit HD) zum Einsatz kommen. Diese sorgen für weicheres Wasser, stabilisieren etwas den pH-Wert und geben langsam Nährstoffe ab. Als Hilfsmittel gut nutzbar, jedoch kein «muß». Außerdem braucht man pH+-Lösung (Kalilauge, 8%ig) und pH--Lösung (Salpetersäure ca. 35%ig, starke Säure).

Gründe:

– Die Düngemittel sind leicht sauer, senken also den pH-Wert beim Zusatz. Mit pH+-Lösung wird der pH-Wert wieder erhöht.

- Die Pflanzen senken den pH-Wert bei der Nährstoffaufnahme leicht ab, ggf. mit pH$^+$-Lösung korrigieren.
- Wird versehentlich zuviel pH$^+$-Lösung dosiert, kann der pH-Wert mit pH$^{(-)}$-Lösung wieder gesenkt werden. Wird dafür eine relativ konzentrierte Salpetersäure (z.B. 35%ig) eingesetzt, erfolgt die Korrektur nur tropfenweise.

Achtung

Der Umgang mit Säuren und Laugen erfordert selbstverständlich die nötige Vorsicht. Ich empfehle den Einsatz von Schutzhandschuhen und Brille. Das mag vielleicht etwas übertrieben aussehen, jedoch ist das Augenlicht unbezahlbar. Salpetersäure oder Kalilauge an den Händen kann schlimme Verätzungen verursachen. Sollte dieses geschehen, sofort mit viel lauwarmem Wasser ausspülen und bei Augenverletzungen auf jeden Fall schnell den Arzt aufsuchen!

Kapitel 6

Die Sonne in den eigenen vier Wänden

Vielen ist bekannt, daß man mit Leuchtstoffröhren (z.B. Growlux, Fluora etc.) Cannabis züchten kann. Für kleine Pflanzen, Samen-anzucht oder Klonherstellung sind sie ideal. Große Pflanzen, die riesige Blüten tragen sollen, brauchen wesentlich mehr Power, sozusagen eine «Privat-Sonne». Hervorragend haben sich dafür Natriumdampf-Lampen in 400 W oder 600 W Stärke bewährt. Diese sind billig als Remote-Ballast-Lampe, d.h. Vorschaltgerät und Reflektor sind voneinander getrennt, erhältlich. Hier müssen kleine Abstriche bei der Reflektorqualität gemacht werden. Eine teurere SGR 200 Armatur (Philips) hat einen sehr guten Breit-strahl-Reflektor mit robuster Verarbeitung. Als Lampe empfehle ich die SON-T Agro oder Planta-T Ausführung, da diese einen erhöhten Blaulichtanteil besitzen, also für die Pflanzenzucht optimiert sind. Schon eine 400 W Lampe strahlt sehr hell (ca. 52000 Lumen/m²), daher nicht direkt hineinschauen, ggf. beim Arbeiten unter der Lampe einen Hut tragen.

Die Lampen sind zwar teuer (250–450 DM), jedoch ein wichti-ger Faktor für eine Spitzenzucht. Es gibt auch billigere 250 W Armaturen, mit Abstrichen bei Erntemenge und Qualität muß allerdings gerechnet werden. Besser ein wenig sparen und gleich die richtige Lampe kaufen. Für «Normal-User» reicht ein 400 W System völlig aus.

Die Lebensdauer einer Lampe beträgt ca. 1½–2 Jahre. Sie funk-tionieren immer noch, aber haben in der Leistung schon nachge-lassen. Ältere Lampen eigen sich für die Beleuchtung der Jungpflanzen bis zur Anfangsblüte, dann gegen die neue Lampe für die Blüte austauschen usw. So lassen sie sich effektiv nutzen.

Interessant ist die Tatsache, daß der starke gelb rote Lichtanteil der Agro-Lampen mehr das Blütenwachstum, das Sonnenlicht mehr das Blätterwachstum stimmuliert. Daher sieht gutes Indoor-Gras wie eine einzige nichtendende Blüte aus.

Kapitel 7

Platz ist in der kleinsten Hütte!

Was ist bei der richtigen Auswahl des Platzes zu beachten? Am besten eignet sich ein separates Zimmer (mind. 2 m hoch) mit guter Belüftungs- und Verdunklungsmöglichkeit. Auch Keller und Bodenräume können genutzt, müssen aber gut isoliert (Klima, Licht u. Geruch) werden. Bedingt tauglich sind Abstellkammern und große Wandschränke, die wegen geringer Größe sehr gut be- und entlüftet werden müssen. Findet sich kein Ort, können mit guten Freunden auch «Genossenschaften» gegründet werden, wie auch immer, wo ein Wille, da auch ein Weg/ Platz.

Das Hauptproblem wird später weniger die Abschattung der enormen Lichtmenge, als die Geruchsentwicklung in der Blüte sein. Insbesondere nach dem Ausschalten der Lampe wird sich schnell ein Duft entwickeln, der eher an Klo als an Cannabis erinnert. Es ist sogar so, daß je schlimmer der Gestank, desto besser die Potenz der Pflanzen sein wird. Gute Rohrleitungsventilatoren angeschlossen an einen Kamin oder in die Nähe des Fensters gelegt, können Abhilfe schaffen.

Gerade in der kalten Jahreszeit gut lüften, denn es kann leicht Schimmel an Decke und Wänden entstehen. Nicht autorisierte Personen (hierzu zähle ich auch Kinder!) dürfen natürlich nicht einfach eindringen, daher auf Verschluß achten und auch die Verdunklung des Schlüssellochs nicht vergessen.

Kapitel 8

Der Aufbau des Hydrokraft-Systems

Eigentlich handelt es sich um zwei Systeme, eines zur Samen und Klonaufzucht bzw. das eigentliche HYDROKRAFT-System. Es ist witzlos kleine Keimlinge gleich mit 400 W Power zu bombardieren, mal abgesehen von der Energieverschwendung. Hierfür eignen sich Grow-Lux Leuchtstoffröhren, z.B. drei mal 18 W-Röhren auf Spanplatte montiert, läßt sich leicht an der Wand aufhängen (Abb. 5). So können die kleinen Pflanzen unter max. 54 W genügend Wurzeln bilden, bis sie für den Umzug reif sind.

An Material wird gebraucht
- 3 Leuchtstoffarmaturen mit 18 W Grow-Lux oder Fluora Röhren
- 1 Stück Spanplatte 1000 x 300 x 18 mm
- Ca. 1½ m dreipoliges Anschlußkabel mit Stecker
- Diverse Lüsterklemmen oder Quetschklemmen
- 1 kleines Anzuchtgewächshaus mit verschiebbaren Belüftungsschlitzen
- 1 Beutel feiner LECA-Ton für die Anzucht
- 1 Thermometer

Die Armaturen werden parallel angeschlossen, die Erdung dabei nicht vergessen. Werden Lüsterklemmen eingesetzt, diese mit Isolierband umwickeln. Wer absolut keine Ahnung von der Elektrik hat, sollte besser einen guten Freund zu Rate ziehen. Die Aufzuchtanlage kann mit Seilen oder Ketten und zwei Haken direkt an der Wand befestigt werden. Die Anlage sollte ca. 50 cm in der Höhe verstellbar sein, noch rundherum mit Alufolie abhängen und fertig. Der Aufbau des HYDROKRAFT-System gestaltet sich etwas aufwendiger.

Abbildung 5

*Die Anzuchtanlage mit
3 x 18 W Growlux und Minigewächshaus. Mit Ketten
bzw. Seilen an der Wand
aufhängen. Sie sollte ca.
50 cm nach oben hin ver-
schiebbar sein.
Die Anlage mit Alufolie abhängen, so bleibt die Wärme
erhalten.*

An Material wird benötigt

– 1 Lichtarmatur 400 W (z.B. SGR 200) mit SON-T Agro bzw. Planta-T Lampe
– 1 Stück Spanplatte ca. 1500 x 600 x 25 mm
– 1 Kunststoffwanne 90 l (Maurerwanne)
– 1 Kunststoffwanne 20–30 l (Wäschewanne)
– 1 Kunststoffeimer 10 l
– 1 Beckenverbinder mind. ø 30 mm (Kunststoff oder Messing-ausführung)
– Silicondichtmasse
– 1 kleines Kunststoffteesieb
– 1 Aquariumpumpe z.B. Laslo 2 W 175 l/h

- 1 Aquariumheizung 50 W (in der Länge zum Eimer passend)
- 1 m Gartenschlauch, 1 m Schlauch ⌀ 30 mm
- 1 Aquariumbelüfter mit Schlauch und 2 große Sprudelsteine
- 1 EC-Meßgerät z.B. HANNA Dist 4
- 1 pH-Meßgerät
- 2 Thermometer (Luft/Nährlösung)
- 1 Hygrometer
- mind. 70 l Lecaton grob
- diverse Hydrodünger z.B. Fa. CANNA, SENSI-SEED
- 500 ml Levatit Ionentauscher
- 1 Kunststoffspritze 5 ml
- 2 Wasserstandanzeiger mind. 19 cm hoch
- einige Meter Befestigungskette/Seil ausreichender Stärke
- diverse Befestigungshaken mit Dübeln
- 1 Schwenkventilator
- 1 Rohrventilator (nicht unbedingt erforderlich)
- 2 Schaltuhren für Lampe und Ventilator

Manche Teile sind sicherlich schon vorhanden, andere können im Baumarkt bzw. Zooladen besorgt werden. Im Grow-Shop sind Lampen, Meßgeräte, Dünger, Samen etc. erhältlich. Wer keine Adressen kennt, erfährt diese in der Grow oder Hanfzeitschrift. Dort dürfte jeder eine ortsnahe Möglichkeit finden.

Sind alle Teile zusammengetragen, kann nun der Aufbau beginnen. Als erstes wird die große Wanne präpariert, indem ein 30 mm großes Loch an einem Ende der Wanne mittig gebohrt wird. Der untere Rand des Loches muß vom Wannenboden aus gemessen sich in 30 mm Höhe befinden (s. Abb. 3). Diese Bohrung muß sauber ausgeführt sein, da sonst Undichtigkeiten die Folge sein können. Mit einem Zirkel wird an richtiger Stelle ein 30 mm Kreis angezeichnet und der Mittelpunkt mit einem

Abbildung 6

*Das HYDROKRAFT-System im Vollaufbau mit Ausgleichsbehälter.
Zur Vereinfachung sind Elektrode, Sprudelstein und Heizung nicht
eingezeichnet. Bei dieser Lampenaufhängung können Raumhöhe
und Lampenhöhe variiert werden. Der Ausgleichbehälter kompensiert den hohen Waserverbrauch bis zu 7 l täglich. Auch hier läßt
sich das System gut mit Alufolie abhängen.
Ein Ventilator bringt ein wenig Wind, der das Wachstum fördert,
indem mehr Kohlendioxid an die Blätter geweht und die Wärme
besser verteilt wird. Den Rhythmus der Beleuchtung einhalten.*

10 mm Bohrer vorgebohrt und anschließend mit einen spitzkegligen Schleifaufsatz ø 30 mm auf die richtige Größe ausgeschliffen. Den inneren Grat danach vorsichtig glattschleifen. Dann wird der Beckenverbinder eingeschraubt und von beiden Seiten mit Silicon abgedichtet. Einen Tag lang aushärten lassen, danach eine Dichtigkeitsprüfung durchführen. Dazu den Ablaufschlauch am Ablauf montieren, den Schlauch über den Wannenrand hochlegen und die Wanne mit Wasser ca. halbvoll laufen lassen. Nach ca. 30 Minuten auf Dichtigkeit prüfen, ggf. mit mehr Silicon nachdichten. Als letztes das Kunststoffteesieb mittels Silicondichtmasse vor dem Ablauf (Abb. 3) einkleben. So können keine Wurzeln in den Ablauf reinwachsen. Die Wanne ist nun vorbereitet.

Die Lichtarmatur muß solide an der Decke befestigt sein, d.h. starke Haken vewenden und diese gut eindübeln. Abb. 6 zeigt ein Konstruktionsbeispiel. Die Spanplatte ist an der Decke, die Armatur an der Platte befestigt. So bleiben Platte und Lampe variabel einstellbar. An der Platte läßt sich leicht rundherum Alufolie oder Schwarz/weiß-Folie befestigen. Die Lampe kann man auch direkt an der Decke befestigen, jedoch muß für das Abhängen der Anlage eine Schiene o.ä. an der Decke angebracht werden. Wie aus Abb. 6 hervorgeht, ist die Wanne so erhöht aufgestellt, daß der Wannenboden sich in Höhe der Eimeroberkante befindet. Dann sollte die Einlaufseite 1 cm höher stehen als die Auslaufseite. Das Gefälle reicht für einen guten Ablauf aus.

Die Vorbereitung des Leca-Ton findet erst später, wenn der Umzug aus der Anzuchtanlage bevorsteht, statt.

Kapitel 9

Jetzt geht's los! Die Aufzucht

Einleitung

Ich beschreibe hier die Systemzucht bestehend aus drei wichtigen Komponenten, nämlich:

- Das HYDROKRAFT-System mit absoluter Nährlösungskontrolle
- Die richtige Leuchte, z.B. SGR 200 mit 400 W SON-T Agro-Lampe
- Die Samen (engl. seeds)

Der größte Fehler, der oft begangen wird, ist das mangelhafte Ausführen einer der Komponenten. Das bedeutet, spare ich am Licht, wird auch die Ernte sparsam, wenn nicht gar enttäuschend ausfallen. Züchte ich «nur in Erde», können auch große Pflanzen heranwachsen, jedoch mit wesentlich längerer Aufzuchtzeit. Spare ich bei den Samen, kann es passieren, daß ich an Felina (eine EU-konforme Hanfsorte mit einen THC-Gehalt < 0.3%) gerate. Na toll! Für gute Samen bis sehr gute Hyperknallermega-Samen müssen Beträge zwischen 20 bis 200 DM für 10 Samen abgedrückt werden. Aber glaubt mir, alles hat seine Berechtigung. Will ich unbedingt die Super-Cup-Pflanze «Jack Herer» erwerben, bezahle ich bei Fa. SENSI-SEED für 15 Samen 247,50 DM (Schluck!). Jedoch, wer diesen luxeriös anmutenden Schritt wagt, wird in diesem Fall mit einen Superhyperknaller belohnt. Billigere Samen aus guten Grow-Shops ergeben auch gute Megahammer wie Skunk No 1 und deren Abwandlungen, Thai, California Orange u.v.m.

Was man nun anbaut, ist sowieso der persönlichen Neigung überlassen. Gerade dem Anfänger empfehle ich für die ersten

Versuche nur eine Sorte gleichzeitig zu pflanzen. Baut man z.B. Afghani und Thai zusammen an, kann es passieren, das die Thai alles andere überwuchert (stärkeres Längenwachstum). Dieses läßt sich durch Herunterbinden in den Griff bekommen. Trotzdem anfangs besser «reinrassig» ansetzen.

Wer diese Punkte beherzigt, macht bestimmt nichts falsch und kann beruhigt zur Aufzucht übergehen. Ich gehe davon aus, daß die Anzuchtanlage vorbereitet und das Minigewächshaus gereinigt ist. Etwa einen Teelöffel voll Ionentauscher auf dem Boden verteilen, dann den feinen Leca-Ton unter fließend warmen Wasser in einem Küchensieb waschen und das Gewächshaus fast bis zum Rand füllen. Eine Ecke bis zum Boden freimachen, dann soviel Wasser einfüllen bis ca. 1 cm Wasser stehen bleibt. Jetzt werden die kostbaren Samen ca. 1 cm tief in den Leca-Ton gedrückt und bedeckt. Wer den Ort bzw. die Art der Samen kennzeichnen will, kann das mit farbigen Kunststoffspießen tun. Ein Thermometer einlegen, das Gewächshaus schließen und unter die Anlage setzen. Steht das Haus auf kaltem Boden (z.B. Keller), besser eine Styropor-Platte zur Isolierung unterlegen. Die Lichtanlage bleibt rund um die Uhr eingeschaltet, die Temperatur sollte 24 bis 28° C, je nach Außentemperatur über den Lampenabstand regeln, betragen. Frische Samen benötigen zur Keimung einen bis vier Tage, ältere eine bis max. drei Wochen.

Sollte nach dieser Zeit nichts geschehen, sind sie reklamationswürdig. Ein guter Grow-Shop gibt neue Samen, wobei eine Keimquote um 50% noch akzeptiert werden muß. Die Keimlinge bringen zuerst zwei Keimblätter vor, die sich nach einem Tag voll öffnen und die ersten beiden Normalblätter freilegen. Jetzt kann die Haube abgenommen und die Keimlinge bis 5 cm an die Lampen gesetzt werden. Zweimal täglich den Wasserstand kontrollieren und ggf. auf 5 bis 10 mm nachfüllen. Je nach Sorte brauchen die Jungpflanzen zwei bis drei Wochen bis sie 10 bis 15 cm Höhe erreicht bzw. die ersten drei Blattpaare gebildet sind. Bei der Samenanzucht ist nun der Tag des Umzuges gekommen.

Die zweite Möglichkeit, Cannabis zu ziehen, ist die Herstellung von Klonen. Das hat nichts mit Gen-Manipulation zu tun, sondern mit Stecklingsvermehrung. Von einer weiblichen Pflanze werden mehrere 7 bis 10 cm lange Triebe am besten mit einer Rasierklinge glatt abgeschnitten. Die größeren Blätter entfernen, daß im wesentlichen nur der Trieb übrig bleibt. Den Klon in das Gewächshaus setzen, so daß der Stengel den Boden berührt. Den Wasserstand auf 1cm einstellen (1 Teelöffel Ionentauscher mit einspülen), die Haube schließen und das Haus unter die Anlage setzen. Die Temperatur sollte sich um 24° C einstellen, jedoch 28° C nicht überschreiten (Abstand zu den Lampen erhöhen). Klone bewurzeln in ca. zwei bis sechs Wochen. Anfangs nur kurz (ca. 5 Minuten), nach einer bis zwei Wochen immer länger (stundenweise) lüften. Nach einer weiteren Woche die Haube ganz weglassen. Pflanzen in der Blüte sind schwieriger zu klonen als in der Wachstumszeit. Blühende Stecklinge neigen schnell zum schimmeln, daher beobachten und gut belüften. Bei Schimmelbefall die Haube ganz weglassen, kleine Stellen rausschneiden, stark angeschimmelte Stecklinge ganz entfernen.

Die Ausschußquote beträgt bei blühenden Klonen 60 bis 90%, bei noch wachsenden 10 bis 40%. Dieses sollte bei der Klonanzahl Berücksichtigung finden. Der Einsatz von Bewurzelungspulver hat hier den Nachteil, daß es sich leicht vom Stengel ablöst und die feinen Stengelkapillaren verstopft. Bewurzelungs-Gele funktionieren, sind aber sehr teuer. Klone dürfen umziehen, wenn sie 10 bis 15 cm gewachsen sind.

Kapitel 10

Der Umzug

Die Samen/Klone sind gut angegangen und haben ausreichend Wurzeln gebildet. Die große Wanne steht auf dem erhöhten (Einlauf 1 cm höher als der Auslauf) Platz, ca. 200 ml Ionentauscher auf dem Boden verteilen. Nun die 70 l groben Leca-Ton mittels Küchensieb unter fließend warmem Wasser waschen und eimerweise zur Wanne transportieren. Den Wasserstandsanzeiger in einer Ecke auf dem Boden stehend mit Leca-Ton zuschütten. Nachdem sämtlicher Ton gewaschen ist, sollte die Wanne ca. halb gefüllt, der Wasserstandszeiger bis auf die Anzeige eingedeckt sein.

Vorbereitung des Nährlösungsumlaufs

Zuerst die Saughalterungen für Heizung, pH-Elektrode und Thermometer im Eimer anbringen. Anfangs muß der Eimer erhöht aufgestellt werden, da die Jungpflanzen einen hohen Wasserstand (bis ca. 7 cm unter die Oberfläche, siehe Abb. 7) brauchen. Ein ca. 15 cm hoher Bücherstapel kann dafür ausreichend sein. Den Eimer mit Wasser voll füllen, die Pumpe einschalten. Auf gute Entlüftung der Pumpe achten. Es dürfen keine schnarrenden Geräusche mehr auftreten. Die Wanne füllt sich auf den hohen Wasserstand, das Wasser läuft über den Ablaufschlauch (mit Draht am Eimerrand befestigen) in den Eimer zurück. Den Eimer wieder vollfüllen und Heizung, Elektrode (geeicht, Entlüftungsloch offen), Thermometer, Sprudelstein darin installieren. Das Sprudeln erzeugt Spritzwasser. Mit dau-

Abbildung 7

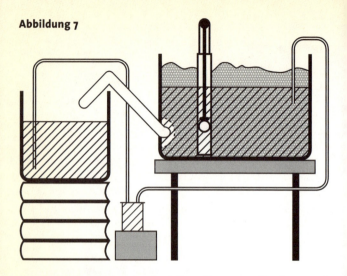

Das HYDROKRAFT-System mit erhötem Wasserstand. Anfangs sind die Wurzeln klein, daher reicht der Wasserstand bis ca. 7 cm unter die Oberfläche. Die Bücher werden nacheinander entfernt, bis der Eimer innerhalb von 10–14 Tagen auf dem Boden steht. In dieser Zeit erreichen die Wurzeln den Wannengrund.

mendicken Styroporflocken auf der Wasseroberfläche läßt sich das verhindern. Der Sprudelstein sollte wöchentlich gegen einen trockenen ausgetauscht werden. Dadurch bleiben die Steine gut durchgängig, die Sauerstoffzufuhr in der Nährlösung hoch und die Pumpenmembran wird geschont.

Das Aufheizen auf 28 bis 30° C, kann mit einen Tauchsieder unterstützt werden, jedoch nicht aus den Augen lassen, sonst dampft's. Sind 28 bis 30° C erreicht, werden erst je 30 ml Dünger zugesetzt, eine halbe Stunde abwarten, dann den EC-Wert messen. Das Ziel ist ein EC von 1.0 bis 1.2 mS/cm bei 28 bis 30° C. EC-Wert zu tief, vorsichtig mehr (5 bis 10 ml) Dünger zugeben. EC-Wert zu hoch, die Lösung einfach mit Wasser verdünnen. Hat sich der EC auf 1.0 bis 1.2 mS/cm stabilisiert, wird der pH-Wert mit einigen Milliliter pH+-Lösung auf 5.5 bis 6.0 eingestellt. Kleine Mengen Dünger, oder Laugen lassen sich sehr gut mit einer 5ml Kunststoffspritze ohne Kanüle dosieren. Mit aufgesetzter Kanüle läßt sich tropfenweise Säure zusetzen. Die Spritze nach Benutzung gut in der Nährlösung durchspülen. Auch an die Sicherheitsmaßnahmen «Handschuhe und Schutzbrille tragen» will ich an dieser Stelle noch mal erinnern!

Die Nährlösung ist vorbereitet, noch mal die Dichtigkeit des Ablaufs überprüfen und fertig. Die Jungpflanzen ziehen nun um. Dazu wird das kleine Gewächshaus unter Wasser gesetzt bis alles ein wenig schwimmt. So lassen sich die Pflanzen leicht lösen und der feine Leca-Ton gut wegspülen. In der Wanne den Ton an der Pflanzstelle etwas beiseite schaufeln, bis der Wasserspiegel sichtbar wird. Die Pflanze so über die Stelle halten, daß die unteren Wurzeln gerade eintauchen. Dann zuschütten, die Pflanze müßte einigermaßen stehen.

Die Verteilung sollte gleichmäßig sein. Die kleineren Pflanzen eher in die Mitte, größere nach außen setzen. So können die kleineren etwas aufholen, denn Größe sagt noch nichts über das Geschlecht aus. Der Lampenabstand zu den Triebspitzen auf 90 bis 100 cm einstellen, das genügt momentan völlig! Die Leuchtdauer beträgt 18 Stunden. In den nächsten 2 Tagen müssen sich die Pflanzen an die neue Situation gewöhnen, daher werden Wasserspiegel, pH und EC nicht verändert. Zwei weitere Tage später wird der EC auf 1.5 mS/cm (28 bis 30° C, pH 5.5 bis 6.0) erhöht, der

Wasserspiegel langsam gesenkt (tägl. 1 Buch 15 bis 20 mm stark entfernen, Abb. 7). Innerhalb 10 Tagen sollte der Eimer auf dem Boden stehen, der Wasserstandzeiger dann zwischen Optimum und Maximum stehen.

Die Pflanzen haben deutlich an Wuchs zugelegt, den EC-Wert weiter auf 1.7 bis 1.9 mS/cm erhöhen, nach weiteren 5 Tagen auf 1.9 bis 2.2 mS/cm (28 bis 30° C, pH 5.5 bis 6.0). Die Nährlösungswerte bleiben ab jetzt konstant und nicht wundern, denn die Post geht jetzt ab! Legten sie am Anfang 1 bis 3 cm am Tag zu, steigert sich das Wachstum auf 3 bis 7 cm, bei manchen Sorten sogar 10 cm am Tag. So etwas nennt man nicht wachsen, sondern wuchern.

Nun aufpassen und täglich die Länge messen, denn die Pflanzen bekommen mit dem Beginn der Blüte einen Schub, der sie mind. verdoppelt oder gar verdreifacht. Sativas können schon mit 30 bis 50 cm Höhe, Indicas mit 60 bis 80 cm Höhe zur Blüte gebracht werden. Die Endgröße wird später 120 bis 180 cm betragen, damit bleibt die Sache beherrschbar. Das bedeutet, bei HYDROKRAFT beträgt die reine Wachstumszeit bei Mutterpflanzen nur 2 bis 3 Wochen, bei Klonaufzucht vielleicht 4 Wochen, mehr nicht! Läßt jemand z.B. eine Haze über 1 m wachsen und dann in die Blüte wechseln, wird er unversehens einem 3 m Monster gegenüberstehen. Bei gut 2 m Raumhöhe ein schwieriges Unterfangen, es zu bändigen. Nicht die Länge der Pflanze, sondern die Größe der Blüte ist entscheidend. Dazu wird die Beleuchtungszeit auf 12 Stunden eingestellt, die Dunkelheit muß ununterbrochen sein. Das lichtempfindliche blütenauslösende Hormon reagiert auch auf kurze Unterbrechungen der Nacht.

Der Wasserverbrauch steigt jetzt auf 4 bis 6 l täglich an. Es wird Zeit, die Ausgleichswanne anzuschließen. Dazu wird sie derart erhöht aufgestellt, daß bei fast voller Wanne der Wasserspiegel mit dem des Eimers übereinstimmt. Ein Stück Schlauch wird angesaugt und in den Nährlösungseimer gelegt. Das Frischwasser wird von jetzt an nur noch über die Ausgleichswanne nachgefüllt. Diese Praxis hat den Vorteil, daß das Chlor aus dem Frischwasser verfliegen kann und der pH-Wertabfall durch das nachströmende Wasser kompensiert wird. Der EC-Wert wird zum Abend abgesenkt. Dieses ist wünschenswert, da in der Nacht der Nährstoffbedarf niedrig ist. Morgens werden die pH/EC-Werte wieder nachgestellt. Der Umzug hat sich erledigt.

Die Nährlösungstabelle

1.–4. Tag:	EC 1.0–1.2 mS/cm	pH 5.5–6.0	28–30° C
5.–10. Tag:	EC 1.4–1.6 mS/cm	pH 5.5–6.0	28–30° C
10.–15. Tag:	EC 1.7–1.9 mS/cm	pH 5.5–6.0	28–30° C
ab 15. Tag:	EC 1.9–2.2 mS/cm	pH 5.5–6.0	28–30° C

Bei Indicas eher die Untergrenze, bei Sativas eher die Obergrenze der EC-Werte einstellen.

Ich will nicht verschweigen, daß andere Quellen (z.B. holländ.) viel höhere EC-Werte (z.B. 2.6–2.9 mS/cm) angeben. Die Erklärung ist einfach. In großen Gewächshäusern wachsen große Pflanzen mit mehr Nährstoffbedarf. Zuviel Dünger wird von der Pflanze nicht mehr richtig verwertet, sondern gespeichert. Das Ergebnis sind dann kratzig schmeckende Blüten. Optimale Düngung läßt schon riesige Blüten entstehen. Also, lieber 5 g weniger Masse, dafür aber 100% mehr Geschmack ernten.

Kapitel 11

Flower Power, es blüht!

Etwa zwei bis drei Wochen nach Umstellung der Beleuchtung auf 12 Stunden, beginnen die Pflanzen zu blühen. In der Anfangszeit der Frühblüte verdoppeln bzw. verdreifachen sie ihre Länge. Der Schub läßt erst mit der Vollblüte nach.

Mit Beginn der Umstellung bekommen die Pflanzen andere Nährstoffe. Ein Austausch der Nährlösung ist nicht erforderlich. Fangt einfach an, den Blühdünger zuzusetzen. Der Phosphorbedarf steigt nur langsam, bis zur Vollblüte ist dann die Ernährung längst umgestellt. Der EC-Wert 1.9 bis 2.2 mS/cm (28 bis 30° C) soll beibehalten, der pH-Wert auf 6.0 bis 6.5 leicht angehoben werden. Nun kommt eine längere Phase konstanter Nährstoffzusammensetzung. Die Pflanzen senken im Längenwachstum durch Aufnahme der Nährstoffe den pH-Wert ab, was durch Zugabe von pH+-Lösung kompensiert wird. Hierbei wird der Kaliumgehalt der Lösung immer weiter angehoben. Ich empfehle daher, einmal wöchentlich 4 bis 6 Liter Nährlösung abzuziehen (sehr gutes Wasser für Topfblumen!) und durch Frischwasser zu ersetzen. Die Lösung wieder aufheizen und die alten pH/EC-Werte einstellen. So bleiben die Nährstoffe im optimalen Verhältnis.

Der EC-Wert wird erst in der Reifeblüte auf 1.6 bis 1.8 mS/cm gesenkt, da dann der Nährstoffbedarf abnimmt und ein Zuviel jetzt nur noch den Geschmack «versauen» kann. Die männlichen Pflanzen beginnen ca. eine Woche vor den weiblichen zu blühen. Anfangs zeigen sich kleine grüne Kügelchen in den Blattachseln,

Abbildung 8

Das Beherrschen verschieden schnell wachsender Pflanzen läßt sich gut durch geschicktes Binden verwirklichen. Dazu werden in den Wannenrand 4 mm große Löcher gebohrt, bzw. in die Spanplatte kleine Haken eingeschraubt. Zum Binden eignet sich Paketband. Im oberen Drittel der Pflanze eine genügend große Schlinge anbinden und dann langsam herunterziehen. Große Blüten werden schwer und und benötigen Unterstützung, indem sie von oben her gehalten werden. Ein evtl. auftretender Bruch wird mit einem Bleistift (mit Band umwickeln) geschient. Heilung innerhalb ca. zwei Wochen. So bekommen alle Knollen optimal ausreichend Licht.

die sich mit fortschreitender Zeit anhäufen. Es bilden sich feine Stiele, an denen die männlichen Blütentrauben herunterhängen. Das Blattwachstum wird eingestellt, die Triebe schießen immer mehr blütenbildend in die Höhe. Die Kügelchen wachsen länglich oval aus und springen auf. Die fünf Kelchblätter spreizen auf und fünf längliche Staubbeutel werden sichtbar. Leichte Erschütterungen oder Wind lassen die Staubbeutel aufreißen und die Pollen, ein feines gelbes Pulver, wird frei. Die Pollen werden durch den Wind auf die weiblichen Blüten geweht und befruchten diese. Sind die meisten Blüten offen, stirbt die Pflanze schnell ab.

Weibliche Pflanzen bilden in den Blattachseln zuerst zwei

nach oben zeigende grüne Kegel, aus denen jeweils zwei weiß bis rötliche ca. 5 bis 20 mm lange Haare herausrausragen. Die Triebspitzen verdicken sich, die Anzahl der Blüten nimmt zu, die der Blattfinger nimmt ab (später ein Blattfinger pro Blatt). Die Pflanze wächst immer kompakter, immer mehr Blüten bildend. Diese Frühblüte nenne ich «Schneeflockenstadium», weil die vielen weißen Haare diesen Eindruck entstehen lassen. Noch befindet sie sich im Längenwachstum, die Blüten sind klein, Harzbildung ist jetzt oft noch nicht zu sehen. Mit fortschreitender Zeit wächst die Blüte immer kompakter, die Harzbildungssequenz beginnt. Das Längenwachstum läßt deutlich nach, dafür nimmt das Breitenwachstum zu. Das Harz bildet sich in kleinen weißlich aussehenden Kügelchen, die hauptsächlich an den Kelchblättern und den kleinen Blättern zu finden sind. Später werden größere Harzdrüsen mit Stiel derart dicht gebildet, daß man meint, einen Harzdrüsenwald vor sich zu haben. Jetzt sind teilweise auch die größeren Blätter und Stiele mit Harzdrüsen überzogen. Wird nun leicht an der Blüte gerieben, klebt das aromatisch riechende Harz sofort stark an den Fingern.

Achtung, jetzt bloß nicht gierig werden! Selbst wenn in der Mittelblüte alles klebt, haben sie noch eine gewisse Strecke vor sich. Jetzt greift der Sinsemilla-Effekt. Normalerweise sind die Blüten größtenteils befruchtet und bilden Samen. Diese reifen heran, fallen aus, die Pflanze stirbt ab. Da kein Pollen vorhanden ist, wird die Pflanze ihren Blühimpuls verstärken, um mit mehr Blüten die Chance der Befruchtung zu erhöhen. Der Effekt hält bei Indica vier bis sechs Wochen, bei Sativa acht bis zwölf Wochen an. So entsteht der Ertrag, denn die Blüte wird fett und erreicht locker die Stärke eines ausgewachsenen Männerarm so, daß sie u.U. Unterstüzung braucht. Es ist besser, den Hauptstamm auswachsen zu lassen, um die fetten Riesenblüten zu erzeugen. Wachsen sie zu hoch, bindet man sie vorsichtig runter. Achtung Bruchgefahr! Ein Bruch läßt sich einfach mit einem Bleistift schienen und verheilt binnen drei Wochen (Abb. 8).

Einige Pflanzen vergeilen, d.h. sie bilden einige männliche Staubbeutel aus. Sie sehen wie gelbliche Stippen aus und wachsen direkt aus den weiblichen Kelchblättern. Bei geringer Anzahl keine Panik, denn sie gehen oft nicht auf, oder befruchten nur geringfügig. Sollten an vielen Stellen regelrechte Staubnester entstehen, ist es besser das Ganze vorsichtig zu ernten, um eine Totalbefruchtung zu vermeiden. Offensichtliche Vollzwitter (echte männliche und weibliche Blüten an einer Pflanze) sofort ernten!

Kapitel 12

Geduld ist eine Tugend. Wann ernten?

Der Höhepunkt der Mittelblüte geht vorrüber, die Blüten bilden dicke Knollen und die ersten Haare werden braun. Der Erntezeitpunkt rückt näher, den EC-Wert jetzt auf 1.6 bis 1.8 mS/cm reduzieren, da der Nährstoffbedarf sinkt. Die Temperatur unter der Anlage um 24 bis 28° C halten, Temperaturen über 30° C können zu Lasten der Potenz gehen. Im Sommer gut be- und entlüften. Die Luftfeuchte unter 60% drücken, um Schimmelbildung zu vermeiden. Der Lampenabstand zu den Blütenspitzen sollte bei 400 W höchstens 40 cm, bei 600 W bis 60 cm betragen. Näher ransetzen bringt zu viel Wärme, die der Potenz abträglich ist.

Die unbefruchtete Blüte ist reif, wenn etwa 70% der Haare vertrocknet und die Neublütenbildungen nahezu eingestellt sind. Die Pflanze dann unten am Stamm absägen und kopfüber in einen dunklen Raum zur Trocknung aufhängen.

Einige Pflanzen reifen eher am Hauptstamm, andere an den Seitentrieben. In diesem Fall die reifen Blüten ernten und den Rest ausreifen lassen. Die Trocknung dauert ca. 1½ bis 2½ Wochen, eine kleine Besenkammer zweimal am Tag kurz lüften. Das vermeidet Schimmel und starke Fermentation.

Fermentieren wird oft als das potenzsteigernde Mittel gepriesen. Das mag auf schlechtes Gras zutreffen, gutes Sinsemilla jedoch besitzt ein leichtes, gutschmeckendes Eigenaroma, welches durch fermentieren nicht zu verbessern ist. Auch ein minimaler möglicher THC-Anstieg von beispielsweise 10.0 auf 10.3%, fällt nicht mehr ins Gewicht. Noch schlimmer wird es, wenn man meint, durch schimmeln den THC-Anteil zu erhöhen. Schimmel bildet eigene Toxine (Gifte), die sicher nicht gesundheitsfördernd wirken, der Geschmack tendiert zu muffig bis eklig. Also, einfach trocknen lassen, antesten und siehe da: Mein Coffee-Shop existiert, nämlich zu Hause!

Es müssen nur noch die großen Blätter und Stiele von den Blüten separiert werden. Das funktioniert gut, wenn sie noch leicht welk und flexibel sind. Dabei lassen sich besonders gut evtl. erzeugte Samen finden, ohne den Rest der Knolle zu zerkrümeln.

Kapitel 13

Sinsemilla mit Samen, geht das?

Aber ja! Vorraussetzung ist die Kontrolle über die «Männer» und die ist in diesem Fall gar nicht so schwierig.

Erste Möglichkeit

Die erkennbare männliche Pflanze wird ausgegraben und die Wurzeln vorsichtig rausgezogen. Ein großer Vorteil bei HYDRO-KRAFT: Die Wurzel bleibt relativ unbeschädigt. Das Männchen in einen einfachen Hydrotopf (s. Abb. 1) einpflanzen und in einem separaten Raum zur Blüte kommen lassen. Ich empfehle, sie um ein Drittel bis zur Hälfte zu kürzen, da der Umzugsschock und die geänderten Lichtverhältnisse ihren Tribut fordern. Zur Befruchtung reicht der von wenigen Blüten gesammelte Pollen völlig aus. Es sollen später nur einige ausgesuchte Knollen bestäubt werden.

Zweite Möglichkeit

Pflanzen die verdächtig männlich aussehen, frühzeitig klonen. Unter der Anzuchtanlage wird der weitere Blühimpuls unterdrückt, da das Licht immer eingeschaltet ist. Dadurch können männliche Pflanzen über mehrere Zuchtperioden «konserviert» werden. Der bewurzelte Klon wird in einen kleinen Plastikbecher in Erde umgepflanzt. Zwei bis vier Tage danach wird der «Mann» mittels Haken und Bindfaden in eine günstige Position innerhalb der großen Anlage eingehängt. Vorrausgesetzt der Blührhythmus läuft, wird er sich schnell strecken und blühen. Kurz vor dem öffnen der Blüten, das Männchen separieren, den Pollen sammeln und zur Befruchtung übergehen.

Dazu die Ventilation ausschalten, dann mit einem feinen Malpinsel einige Blüten (vorzugsweise im mittleren Bereich mit vielen weißen Haaren) vorsichtig einpinseln. Langsam und sauber arbeiten! Den Ventilator einen Tag lang ausschalten. Die Blüte zur späteren Zuordnung kennzeichnen (Etikett, farbige Bänder etc.). Die weißen Haare vertrocknen, die Blüte wird deutlich dicker. Die Reife dauert ca. vier bis sechs Wochen. Die Kelchblätter reißen oben auf, der Samen wird sichtbar. Die Samen, die auszufallen drohen, können direkt an der lebenden Pflanze geerntet werden. Den Rest weiter reifen lassen und nach der Trocknung (zusätzliche Reifezeit) rausreiben.

Die Samen dunkel und trocken lagern. Die Keimfähigkeit bleibt ca. zwei Jahre gut erhalten, danach läßt sie merklich nach. Lagern sie länger als vier Jahre tendiert sie gegen Null. Übrigens: Samenherstellung ist ein kreativer Akt, d.h. der Phantasie sind keine Grenzen gesetzt. Kreuzungen der Arten können überraschend erstaunliche Ergebnisse bringen. Wer sich als Züchter hervortun will, braucht eine gute Buchführung und sollte nicht vor der Anschaffung weiterführender Literatur zurückschrecken.

Kapitel 14

Auf ein Neues

Rechtzeitig vor der Ernte (drei bis sechs Wochen) können neue Samen angesetzt bzw. Klone fit gemacht werden. Bis zur Ernte können dann diese schon umzugsreif sein.

Zwischenzeitlich wird die Wanne recycled. Die Stümpfe rausziehen und den Leca-Ton vollständig abschütteln. Die oberen Tonschichten in eine saubere Wanne umfüllen, da sie wenig Wurzeln enthalten. Die Wanne mit dem Rest ins Bad schleppen, dort unter heißes Wasser setzen und weichen lassen. Nach kurzer Zeit lassen sich Wurzel und Ton gut trennen, z.B. mit Hilfe eines Küchensiebes. Ein wenig Arbeit ist das schon, aber der gesamte Ton kann wieder eingesetzt werden. Wer jetzt richtig rechnet, wird feststellen, daß nach drei Perioden «Hydro» im Vergleich zur «Erde», welche immer wieder neu gekauft wird, die Vorteile klar auf der Hand liegen. Es kann jahrelang so weitergehen!

Für den Neustart sind lediglich noch Pumpe, Eimer, Schläuche etc. zu reinigen, die Wanne wieder zu füllen und weiter geht es.

Kapitel 15

Viel Feind, viel Ehr

An alle die Frage gestellt «wer sind die Feinde von Cannabis?» kommen, wie aus der Pistole geschossen, Antworten wie «Läuse, Milben, Polizei» u.ä.

Jetzt die Ernüchterung: Der größte Feind ist man oft selbst! An erster Stelle steht das «Gier-Syndrom». Ein gnadenloser Feind. Blätter, Triebe, ja sogar Sämlinge und kleine Klone sind vor ihm nicht sicher. Heilung: Ebenso gnadenlose Disziplin! Sadisten meinen, durch Folterakte wie starkem Wasserentzug, Beschneidungen bis hin zum Teilen der Stämme mittels Krampen zum Top-Erfolg zu kommen. Heilung: Das resultierend mickrige Ergebnis zur Kenntnis nehmen, dann besser machen! Der führsorgliche Mutterkomplex ist nur schwer zu heilen. Immer besorgt um das Wohl der Pflanzen, ständig an ihnen regulierend, rummachend, bis zur Nichtentfernung der Männchen aus der Sinsemilla-Zucht (die schöne Blume soll ich schlachten?) wird entweder alles in Liebe erstickt oder bestäubt. Mögliche Heilung: In den Wald gehen und sehen – es wächst! Und ich bin nicht dafür verantwortlich. Einfach mehr Vertrauen in die natürlichen Abläufe entwickeln.

Der paranoide Früh-Ernter schadet an einer entscheidenden Stelle. Die Blüte will gerade richtig den Sinsemilla-Schub austoben, das Harz ensteht, die Knolle stinkt und dann? – Das Herz rutscht in die Hose, der Puls rast, viel Adrenalin und eine Portion Verfolgungswahn gesellen sich dazu. Das Resultat: Traurig! Heilung: Wenn schon, denn schon, Baby!

Vorsicht auch vor parasitären Bekanntenkreisen, die heuschreckenartig versuchen, ihr Giersyndrom an der Anlage auszuleben. Heilung: Guter Verschluß, Schweigen.

Dann gibt's da noch den grünlichen Morgen-Buster, schwer bewaffnet, nur in Horden auftretend, frühmorgens das Domizil sprengend. Opfer: Auf jeden Fall die Anlage. Heilung: Nur per Gesetz vollständig kurierbar. Mögliche Vorbeugung: Diskretion! Nicht übertreiben (10000 W und so)!

Eine weitere Seuche sind die hellhörigen, wie Schweine riechen könnende Alles-Wissen-Woller mit Adlerblick. Sie existieren immer um einen herum, gierig nach Neuigkeiten. Hausflure, Fenster, Balkone sind beliebte Sammelstellen. Sie neigen gerne zur Zusammenarbeit mit dem grünlichen Morgen-Buster! Heilung: Unheilbar! Mögliche Prävention: Vorsicht, Diskretion, ruhiges normales(?) Auftreten, also keinen Terror anzetteln. Das mag alles ein wenig drastisch übertrieben klingen– glaubt mir – alles schon vorgekommen.

Probleme mit animalischen Feinden sind selten. Im Zuchtraum keine Zimmerpflanzen horten, da sie für den Zoo als Sprungbrett in den Zuchtraum dienen. Etwas Hygiene bei der Vorbereitung und während der Arbeit sind selbstverständlich. Keine Outdoor-Pflanzen unkritisch in den Raum ziehen lassen (Feindimport). Schlimme Feinde sind Spinnmilben – klein und schwer zu erkennen – mit hoher Vermehrungsrate. Sie können nicht durch absammeln beseitigt werden. Abhilfe: Raubmilben, Ernten, Gift? Blattläuse sind schon größer, daher auch absammelbar. Täglich kontrollieren und mit den Fingern plattwalzen. Gifteinsatz? Marienkäfer-Attacke! Trauermücken sind kleine harmlose Flieger, die Maden jedoch üble Wurzelfresser. Abhilfe: Jede Menge Gelbtafeln, Nematoden, Gift?

Andere Schädlinge treten Indoor äußerst selten auf. Am häu-
figsten kommen Trauermücken vor, sie sind aber auch die harm-
losesten. Gifteinsatz kommt eigentlich nur in der frühen Wachstumsphase in Frage, wenn alle Einfachmaßnahmen nicht greifen
wollen. Dann aber keinen flächenmäßigen chemischen Krieg
entfachen, sondern möglichst gezielt gegen den Feind vorgehen
und mit Argus-Augen beobachten. So wird Gift gespart und
trotzdem gewonnen. Ungiftige Ölpräparate auf Rapsölbasis u.ä.
versauen nachhaltig den Geschmack und sind deshalb nicht
empfehlenswert.

Kapitel 16

Wie geht es weiter?

Wir sind vom holländischen Modell noch weit entfernt. Manche «Bremser», vor allem im Süden dieser Republik, müssen wohl erst aussterben, bis Ruhe und Vernunft einziehen können. Wer heutzutage «Kiffer» immer noch als verlauste, randalierende, zu extremer Gewalt bereite Chaoten darstellt, hat den Knall entweder nicht gehört, oder lebt jenseits von «Gut und Böse».

Angesichts der sich ausbreitenden Seuche «HARD DRUGS», wie Heroin, Kokain (CRACK!) und auch die als harmlos betitelten «EXTASYs» zeigt klar, der «War of Drugs» ist verloren. Sogar hohe Tiere der Münchner Polizei meinen froh zu sein, wenn die Kids statt «Dreck» wieder ihren Joint in der Tasche hätten. Was wir endlich brauchen ist eine ehrliche, liberale Drogenpolitik, die sich nicht an Symptomen, sondern an Ursachen orientiert. Die rigorose Prohibition ist und war immer das perfekte Mittel, irgendwelche Mafiosi, Triaden und andere Ratten großzumachen (siehe auch die große Alkohol-Prohibition in Amerika!). Funktionierende Szenen wurden zerschlagen, selbst kleine Krümel Hasch waren der Presse immer eine kleine Schlagzeile wert. Erfolg: Es bilden sich kleine Privat-Szenen, seltsame Freunde infiltrieren diese und dann SUCHT!

Dieses trifft bestimmt nicht auf alle zu, jedoch weiß heute fast jeder, wie und wo an «Dreck» heranzukommen ist. Und gutes Gras? «Geil, sag mir woher zu bekommen! Was so billig? Hier gibts max. 3 g für'n Fuffi!» u.s.w. – Arme Willis!

Dabei ist das Selbermachen in diesem Fall so einfach und das ist es, was die Holländer schon vor Jahrzehnten erkannt haben. Der Eigenanbau führte einfach zu einem Stück Normalität quasi eine vollendete Wirklichkeit. Der andere Dreck wurde für sie unwichtig und jene, die Sucht ausleben wollen, waren zu keiner Zeit zu bremsen. Aber die Seuche stagniert dort schon viele Jahre, obwohl die allerbesten Quellen vorhanden sind.

Ich will nicht «freie Drogen für freie Leute» predigen, sondern lediglich ein Stück Toleranz nicht nur gegenüber Andersdenkenden, sondern auch anders «Törnenden». Wer einer Alkparty alten traditionellen Stils nichts abgewinnen kann, warum soll dieser dann nicht seinen Joint ziehen dürfen und sich auch freuen? Jeder der den Selbstanbau verwirklicht, schafft auch hier ein Stück vollendete Wirklichkeit. Vielleicht schon bald (siehe Fall der Mauer, wer hätte gedacht, daß das so schnell geht?) kommt die Toleranz, die dann arbeitsplatzschaffend, steuereintreibend einen ähnlichen Status erreicht wie eine gewöhnliche Kneipe. Immerhin sind die vielen Grow-Shops ein Indiz für eine derartige These.

Kapitel 17

Genuß oder Knall?

Konsumgewohnheiten sind bestimmt eine persönliche Angelegenheit, aber ein paar Anregungen finde ich nicht schlecht. Was früher Pfeife und Chillum, sind heute oft Wasser-Bongs. Besucht man die Quellen wie die Ursprungsländer oder Holland, findet man hauptsächlich nur ein Gerät: Eine ordinäre, selbstgedrehte Zigarette. Wie kommt das?

Der THC-Gehalt von «Quellenhaschisch bzw. Marihuana» hat nichts gemein mit dem, was hierzulande in der Szene läuft. Cannabis ist für alle Beteiligten eben «Big Business» und genau das spiegelt sich in Qualität und Preis wieder. Der Indoor-Züchter wacht schnell auf, spätestens dann, wenn nach der Samenernte das erste selbstgemachte, übelklebend, schwarze Haschisch im Bong landet und dann unkritisch verbraten wurde. Der Effekt könnte sein, das man meint, 10 Bongs auf einmal geraucht zu haben. Damit wird klar, das der Brösel in einer Zigarette für einige Leute alles schon klar gemacht hätte. Der Wirkstoffgehalt von normal gutem Indoor-Gras ist meist viel höher als der von Standard-Marroc. Daher lohnt sich noch nicht mal der Aufwand, die eigenen Knollen zu Haschisch zu sieben, es sei denn zu Demonstrationszwecken für gute Kumpels.

Wenn also plötzlich Qualität zu Hause einzieht, ist die Frage berechtigt, ob der Bong in Zukunft das Hauptrauchgerät bleibt. Die Erfahrung zeigt, daß selbst hartgesottene Bong-Raucher nach drei Zigaretten schon die Waffen strecken. Was will man mehr? Große Vorsicht bei geichzeitigem Alkoholgenuß. Insbesondere dann, wenn zuerst gesoffen und danach geraucht wurde. Der Effekt ist mindestens ein Kotzanfall, der sich zum Kreislaufflash steigern kann. Wenn dann Angst entsteht (Hilfe ich sterbe), keine Panik, es ist noch niemand an Cannabis gestorben. Abhilfe: Gutes Zureden, Zuckerwasser oder noch besser ein kurz gezogener (ca. 1½ Minuten) schwarzer Tee mit Zucker einflößen.

War der Proband vorher quasi alkoholvergiftet, besser sofort den Arzt aufsuchen, da Alkohol sehr wohl tödlich wirken kann. Derartigen Leuten auf keinen Fall einen Joint anbieten und gerade nicht zum Spaß! Das Beste ist, den Alkohol in diesem Zusammenhang ganz wegzulassen, bzw. nur geringfügig zu trinken.

Der Genießer sieht, staunt und schweigt...

Tabelle

Raumklima		Nährlösung				Bemerkungen
Luftf. [%]	Temp. [°C]	EC-Wert [mS/cm]	pH-Wert	Temp. [°C]	Licht [h]	
60–80	24–28	0.3–0.8	6.0–7.0	22–26	18–24	Keimung bis Umzug. Dauer: ca. 2–3 Wochen unter Mini-Anlage
60–70	22–26	1.0–1.2	5.5–6.0	28–30	18	Umzug 2–4 Tage Inbetriebnahme des HYDRO-KRAFT-Systems
60–70	22–26	1.4–1.6	5.5–6.0	28–30	18	Einfahren 5 Tage Senkung des Wassersiegels
60–70	24–28	1.7–1.9	5.5–6.0	28–30	18	Einfahren 5 Tage Senkung des Spiegels auf Optimum
50–60	24–28	1.9–2.2	5.5–6.0	28–30	18	Wachstum 2–7 Tage je nach Sorte (Kap. 10)
50–60	24–28	1.9–2.2	6.0–6.5	28–30	12	Blührhythmus 6–14 Wochen, Beginn Blüh-düngerzusatz
50–60	24–28	1.6–1.8	6.0–6.5	28–30	10–12	Endblüte 1–3 Wochen Runterfahren der Nährlösung

Bemerkung
Tomaten, Sonnenblumen u.ä. können auch mit den hier verwendeten Werten gezogen werden, bei Kräutern kann das differieren. Hier besser botanischen Rat bei einer guten Gärtnerei suchen.

Morgens schon freuen
und abends schauen
das Wachstumswunder kommt
darauf sollst Du bauen
und nicht die kleine Mühe scheuen

Die Nase rümpft, der Atem stockt
es bestimmt jeden Fremden schockt
durchhalten und gut bewachen
Du wirst riesen Ernte machen

Die Dose ist voll
alles paletti
treib's nicht zu doll
sonst droht baller-balleretti!

BÜCHER ZUM EINTAUCHEN

NACHT·SCHATTEN
VERLAG

DAS JOINT DREHBUCH
Bobcat
In ausführlicher Anleitung wird Schritt für Schritt erklärt, wie man die berühmtberüchtigten Joints dreht. Dutzende professioneller Tricks, Tips und Techniken. Über 250 Illustrationen und Diagramme und Cartoons.

• Paperback   ISBN 3-907080-22-X
64 Seiten
Fr. 14.-- / DM 15.--

WEITERE TITEL:

• NARRENSCHWÄMME

• TIMOTHY LEARY
  CHAOS & CYBER-KULTUR

• DRUG-CHECKING

• ECSTASY UND DIE
  TANZKULTUR

• DROGEN ZWISCHEN
  HERRSCHAFT & HERR-
  LICHKEIT

• DROLEG, DIE REALIS-
  TISCHE ALTERNATIVE

• NEUE WEGE IN DER
  DROGENPOLITIK

• LEGALISIERUNG -
  KONKRET

DIE HANF-CD-ROM
Hanfnet
Vom Genussmittel Hanf über Politik und Recht bis zum Hanf als Nutzpflanze wird das gesamte Spektrum in Bild und Ton, inkl. einem umfassenden Adressteil, multimedial vermittelt.

• CD-Rom   3-907080-20-3
window only • ab 486 PC DX • win 3.1 - 95 • 8 MB ram
Fr. 39.-- / DM 39.--

UNSER GUTES KRAUT
Hrsg. AG Hanf & Fuss
Dieses Buch handelt von Hanf und seinen Konsumentinnen und Konsumenten. Dieses Buch enthält die Ergebnisse der grossen Kiffer-Umfrage «Hanf & Fuss». Ein aussagekräftiges Portrait der Hanfkultur.

• Paperback   ISBN 3-907080-07-6
192 Seiten
Fr. 29.-- / DM 29.--

RITTERQUAI 1 • CH-4502 SOLOTHURN
Telefon   0041 (0)32 621 89 49
Fax   0041 (0)32 621 89 47

BÜCHER ZUM EINTAUCHEN

NACHT-SCHATTEN VERLAG

FACHVERLAG

FÜR

DROGENAUFKLÄRUNG

BERAUSCHEND GUT BACKEN MIT HANF
Kathrin Gebhardt

Es wird in diesem Buch gezeigt, wie mit den Harzen, Blüten, Blätter und Samen gebacken, aber auch gekocht werden kann. Mengenangaben und Dosierungstabellen sind ebenso enthalten wie Adressen und viele Rezepte. Auch für Diabetiker & Glutenkranke.

• Paperback   ISBN 3-907080-24-6
ca. 80 Seiten
ca. Fr. 24.90 / DM 26.90

DER PSYCHEDELISCHE REISEFÜHRER
D.M. Turner

Ausführliches über Geschichte, Inhaltsstoffe, Dosierung, Wirkungsverlauf und Kombinationen der wichtigsten Psychedelika wie LSD, Psilocybin, Meskalin, Ecstasy, 2-CB, DMT, Harmala Alkaloide und Ketamin. Mit Bibliografie.

• Paperback   ISBN 3-907080-15-7
117 Seiten
Fr. 18.-- / DM 19.--

VERLANGEN SIE BITTE

DEN VERLAGS-PROSPEKT!

MARIA SABINA - Botin der hl. Pilze
Hrsg.R. Liggenstorfer / Ch. Rätsch

Vom traditionellen Schamanentum zur weltweiten Pilzkultur. Der 1. Teil erzählt die Lebensgeschichte der Maria Sabina. Im 2. Teil finden sich Artikel von Wissenschaftlern. Dieses Buch erschien zu Ehren Albert Hofmanns.

• Paperback   ISBN 3-907080-11-4
269 Seiten   mit vielen Abbildungen
Fr. 48.-- / DM 48.--
• Hardcover, lim. Sonderauflage mit Widmung
Fr. 98.-- / DM 105.--   ISBN 3-907080-12-2

RITTERQUAI 1 • CH-4502 SOLOTHURN
Telefon   0041 (0)32 621 89 49
Fax   0041 (0)32 621 89 47

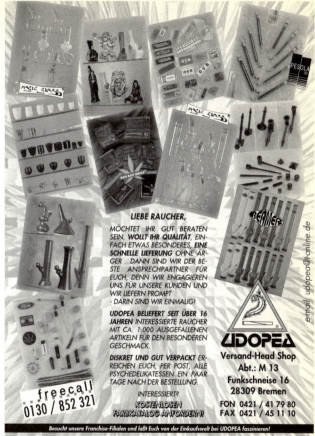

LIEBE RAUCHER,

MÖCHTET IHR GUT BERATEN SEIN, **WOLLT IHR QUALITÄT**, EINFACH ETWAS BESONDERES, **EINE SCHNELLE LIEFERUNG** OHNE ÄRGER ...DANN SIND WIR DER BESTE ANSPRECHPARTNER FÜR EUCH, DENN WIR ENGAGIEREN UNS FÜR UNSERE KUNDEN UND WIR LIEFERN PROMPT - DARIN SIND WIR EINMALIG!

UDOPEA BELIEFERT SEIT ÜBER 16 JAHREN INTERESSIERTE RAUCHER MIT CA. 1.000 AUSGEFALLENEN ARTIKELN FÜR DEN BESONDEREN GESCHMACK

DISKRET UND GUT VERPACKT ERREICHEN EUCH, PER POST, ALLE PSYCHEDELIKATESSEN EIN PAAR TAGE NACH DER BESTELLUNG.

INTERESSIERT?
KOSTENLOSEN FARBKATALOG ANFORDERN!

freecall
0130 / 852 321

email udopea@t-online.de

UDOPEA
Versand-Head Shop
Abt.: M 13
Funkschneise 16
28309 Bremen

FON 0421 / 41 79 80
FAX 0421 / 45 11 10

Besucht unsere Franchise-Filialen und laßt Euch von der Einkaufswelt bei UDOPEA faszinieren!

UDOPEA Head & Grow Shop, Ottenser Hauptstr. 10, 22765 Hamburg // UDOPEA Head Shop, Knochenhauerstr. 27, 28195 Bremen // UDOPEA Head & Grow Shop, Am Dobben 74, 28203 Bremen // UDOPEA Head & Grow Shop, Goseriede 4, 30159 Hannover // UDOPEA Head & Grow Shop, Karrenführerstr. 1-3 (Eingang Stobenstraße), 38100 Braunschweig // UDOPEA Head & Grow Shop, Karl-Marx-Str. 59, 54290 Trier

RAINMAKER II

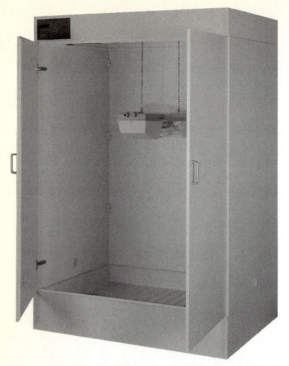

Komplett Anlagen, **Zubehör** und **Lösungen** für alle
Indoor Züchter

GmbH Töpferweg 16 CH-3613 STEFFISBURG
TEL: 0041 (0)33 4380750 FAX: 0041 (0)33 4380754